Este livro pertence a

101 Devocionais

5 minutos de reflexão bíblica

Ciranda Cultural

Sumário

"Olá, Deus!"	1	Uma irmãzinha	29
Um dia ensolarado	2	Famílias	30
Cabelos maravilhosos	3	Fazer caretas	31
Cada fio de cabelo	4	Ficar bravo(a)	32
Sentir-se feliz	5	Feliz aniversário!	33
Cantar	6	Agradecer	34
Ir à escola	7	Ficar doente	35
Amigos	8	Abraços	36
Feridas e machucados	9	Olhos incríveis	37
Pessoas que cuidam	10	Flores maravilhosas	38
Aproveite seus livros	11	Brincar	39
Crescer e aprender	12	Ser amigável	40
Dividir	13	Sentir medo	41
Cuidar e doar	14	Seu melhor amigo	42
Seu cérebro	15	Muitos animais	43
Vamos imaginar	16	Cuidar das plantas	44
Sentir-se triste	17	Guardar os brinquedos	45
Conversar com Deus	18	Unidos	46
Muitas línguas	19	Descansar	47
Cuidar da Terra	20	Vamos celebrar!	48
O médico	21	Um livro de histórias	49
Preocupação	22	Ouvir a Deus	50
Pedir desculpas	23	Amar nossos irmãos	51
Está tudo bem	24	Ajudar os outros	52
Escutar	25	Sentir cheiros	53
Louvor	26	Comida saborosa	54
Onde você mora?	27	Plantar uma árvore	55
Molhado e magnífico	28	Um dia de vento	56

Solidão	57
Deus cuida	58
Discutir	59
Esperar sua vez	60
Uma boca para comer	61
Festas	62
Mostrar seu amor	63
Arrumar a mesa	64
Desenhar	65
Um arco-íris	66
Culpa	67
Obedecer	68
Histórias emocionantes	69
Amar nossos pais	70
Nossa altura	71
Cuidar dos outros	72

Brincar juntos	73
Brinquedo quebrado	74
Mãos	75
Cuidar dos animais	76
Amor de irmãos	77
Ser paciente	78
Limpar	79
Ter habilidade	80
Timidez	81
Mudar de casa	82
Pernas	83
Caminhar juntos	84
Avós	85
Manter contato	86

Chuva para a grama	87
Plantas úteis	88
"Eu quero!"	89
"Que raiva!"	90
Voltar para casa	91
Inverno	92
Fazer amigos	93
Conversar	94
Construir	95
Seu corpo	96
Dia e noite	97
Contar estrelas	98
Banho e bolhas	99
Medo do escuro	100
"Boa noite, Deus!"	101

Veja o índice temático no final do livro.

"Olá, Deus!"

Que bocejo grande! Você boceja e se espreguiça quando acorda? O que mais você faz? Lucas gosta de falar com Deus no começo do dia. Em algumas manhãs, ele fala com Deus sobre os planos para o dia. Às vezes, ele apenas diz: "O que faremos hoje, Deus? Pode me lembrar?".

O rei Davi falava com Deus de manhã. Leia o Salmo 5:3.

❝ Deus, é ótimo poder falar com o Senhor a qualquer hora do dia. Eu lhe agradeço por me ouvir. Amém! ❞

Um dia ensolarado

Já ouviu o barulho que os pássaros fazem quando o sol nasce? Ou talvez você tenha visto o belo céu quando o sol se põe à noite. Que bonito! Deus fez tudo isso, e Ele quer que lhe louvemos desde o início. Desde a primeira hora do dia até a hora de dormir, quando a Lua mostra sua face.

O Salmo 113:3 nos diz para sempre louvarmos a Deus.

66 Querido Deus, eu vou lhe agradecer de manhã, vou louvar-lhe a todo momento, e à noite, vou cantar ao Senhor uma canção de agradecimento. Amém! 99

Cabelos maravilhosos

Deus nos fez com muito cuidado e zelo. Temos formas e tamanhos diferentes no corpo inteiro. Nos olhos, no nariz, nas orelhas, na boca e até no cabelo. Qual é a cor do seu cabelo? É preto, castanho, ruivo ou loiro? É longo, curto ou médio? É grosso ou fino, liso ou cacheado?

Juízes 13 conta a história do nascimento de Sansão, o guerreiro. Seu cabelo ficou longo para mostrar que ele pertencia a Deus.

66 Querido Deus, o Senhor me criou da ponta dos pés até os cabelos! O Senhor me deu tudo o que tenho. Agradeço por todo o cuidado e todo o zelo! Amém! 99

Cada fio de cabelo

Você sabe quantos fios de cabelo você tem na cabeça? Não seria possível contar todos eles tão depressa. Mas Deus ama tanto e conhece você tão bem que Ele sabe exatamente quantos fios de cabelo você tem.

"O Senhor é maravilhoso, Deus! O Senhor me ama e sabe tudo sobre mim. Obrigado(a). Amém!"

Jesus explicou a seus amigos o quanto Deus cuida de cada um de nós. Leia mais em Mateus 10:29-31.

Sentir-se feliz

Como saber que as crianças nesta página estão felizes? Algumas pessoas cantarolam, assobiam ou sorriem quando estão contentes. Quando algo muito bom acontece, elas podem pular, dançar ou gritar para mostrar como estão alegres.
O que você faz quando está bem feliz?

Deus gosta quando gritamos de alegria! Leia o Salmo 68:3.

66 Querido Deus, Eu pulo e danço para lhe mostrar como estou feliz por lhe louvar! Amém! 99

Cantar

Qual é a sua música favorita? Você conhece alguma música sobre Deus? Ele gosta de ouvir nossos louvores. Não importa se cantamos desafinados ou se esquecemos algumas palavras. Deus ama nos ouvir. Se você cantar com outras pessoas, pode criar um som fantástico!

❝ Querido Deus, quero cantar e lhe louvar! Amém! ❞

O Salmo 66:1-4 nos diz para cantarmos louvores a Deus!

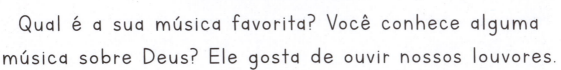

Ir à escola

Zeca gosta de ir à escola. Ele gosta de encontrar seu amigo Heitor. Como você vai para a escola? De carro, de ônibus ou a pé? Da próxima vez que for a algum lugar, lembre-se de ser grato(a) ao Senhor. Agradeça pelo carro ou pelo ônibus, agradeça por poder caminhar.

Jesus enviou seus amigos para uma longa caminhada. Leia em Lucas 10:1-9.

66 Querido Deus, agradeço pelos ônibus e pelos trens que me ajudam na locomoção. E também pelos carros, que nos protegem ao chover. Amém! **99**

Amigos

Quando você está machucado(a) ou doente, os amigos ajudam e cuidam de você. Um amigo segura sua mão, dá um tapinha no seu braço ou o(a) envolve em um abraço. Um amigo se senta quietinho ao seu lado quando você não quer correr e brincar. Um amigo entende quando você está triste. Vamos agradecer a Deus por nos dar amigos!

"Deus, eu lhe agradeço por me dar amigos que cuidam de mim. Ajude-me a ser um(a) amigo(a) carinhoso(a) para eles também. Amém!"

As pessoas em Atos 9:36-41 pedem a Pedro que ajude seu amigo.

9 Feridas e machucados

Olívia estava indo rápido demais de patinete e caiu. Seu joelho começou a sangrar. Hoje, o joelho dela está bem dolorido. Mas sabe o que é maravilhoso? Em algumas semanas, ele estará curado! O corpo que Deus nos deu faz coisas realmente incríveis.

Jesus curou muitas pessoas. Leia em Lucas 4:40.

❝ Ai! Doeu quando eu caí! Deus, por favor, cure o joelho que eu feri. Amém! ❞

Pessoas que cuidam

Deus garante que há muitas pessoas para cuidar de nós. Há pessoas que cuidam da gente em casa, na creche, na escola. Consegue pensar em alguém que cuida de você? Quais pessoas trabalham cuidando dos outros?

José não é pai de Jesus, mas cuida muito bem d'Ele. Leia Mateus 1:18-25.

66 Eu lhe agradeço, Deus, por todas as pessoas que cuidam de mim. Quero agradecer especialmente por .... Amém! 99

Aproveite seus livros

Ler livros é divertido! Você pode ler histórias emocionantes. Pode descobrir o que aconteceu há muito tempo. Pode conhecer coisas maravilhosas sobre o mundo que Deus criou, desde planetas até plantas, de estrelas ao arco-íris. E quando lê o livro especial de Deus, a Bíblia, você aprende sobre Ele.

"Eu Lhe agradeço por todos os meus livros, Deus. Especialmente pela Bíblia, que fala do Senhor. Amém!"

A Bíblia diz que Jesus veio para nos mostrar Deus como Ele é. Leia João 14:6-11.

Crescer e aprender

Crescer é divertido porque aprendemos a fazer coisas novas. O que você não sabia fazer quando era menor e sabe fazer agora? Sabe andar de bicicleta, brincar de bola, ler um livro? Deus quer que sejamos mais parecidos com Jesus à medida que crescemos. Jesus ama a Deus e foi gentil e bom com os outros.

Jesus pediu aos seus amigos para amarem uns aos outros. Leia João 15:12-14.

66 Ajude-me, Jesus, a crescer mais como o Senhor: amando a Deus e aos outros também. Amém!99

Dividir

Você já recebeu amigos para brincar em sua casa? Ou talvez tenha recebido pessoas para jantar ou passar a noite? É emocionante ter visitas! É divertido dividir nossos brinquedos, nossa comida e nossa casa. Isso também deixa Deus feliz, porque Ele compartilha conosco tudo o que criou!

66 **Querido Deus, ajude-me a ser como o Senhor e a dividir minha casa e meus brinquedos. Amém!** 99

Como Deus se sente quando dividimos o que temos? Leia Hebreus 13:16.

Cuidar e doar

Deus quer que sejamos cuidadosos e generosos. Podemos dar comida e roupas para aqueles que precisam. As roupas que são pequenas para você podem servir em seu irmão, irmã ou em outra criança mais nova. E, se seus irmãos não precisarem delas, você pode doá-las para alguém que precise!

Quando ajudamos os outros, mostramos a Jesus que o amamos. Leia Mateus 25:31-40.

66 Querido Deus, por favor, cuide das pessoas que passam necessidade. Mostre-me como ajudá-las. Amém! 99

Seu cérebro

Deus deu a você um cérebro, que é muito importante. Ele guia seu corpo para você se mover, comer e escovar os dentes. Ele ajuda você a pensar no que dizer antes de falar. Você usa o cérebro para se lembrar do que fez hoje e para pensar no que vai fazer amanhã. Não é maravilhoso?

> **Querido Deus, obrigado(a) pelo meu cérebro. Ajude-me a usá-lo bem. Amém!**

Outras pessoas podem não saber o que você está pensando, mas Deus sabe! Veja o Salmo 139:1-2.

Vamos imaginar

Deus nos deu uma mente afiada para que possamos imaginar. Léo é muito bom em imaginar. Ele adora brincar de faz de conta. Ele imagina que é um cavaleiro corajoso. Léo gosta de ser o herói e de resgatar seus amigos. Você brinca assim? Quem você gosta de ser?

66 Deus, sou muito feliz por poder imaginar. Quando brinco de faz de conta, gosto de ser

....

Amém! 99

Davi é um verdadeiro herói. Ele não é grande nem forte, mas sabe que Deus o ajudará a vencer. Leia I Samuel 17:32-50.

Sentir-se triste

Às vezes, acontecem coisas que nos deixam tristes. Quando alguém que amamos muito vai embora ou quando nosso animal de estimação morre, podemos nos sentir tristes, zangados e vazios por dentro. Jesus entende nossos sentimentos. Quando coisas tristes acontecerem com você, Jesus estará por perto para amar e ajudar você. Converse com Ele.

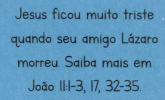

Jesus ficou muito triste quando seu amigo Lázaro morreu. Saiba mais em João 11:1-3, 17, 32-35.

❝ Jesus, eu sei que o Senhor me ama. Sei que me escuta. Eu quero lhe contar que fico muito triste por .... Amém! ❞

Conversar com Deus

Orar é conversar com Deus. Não importa se falamos com Ele de olhos abertos ou fechados. Não importa se estamos em pé, sentados, deitados na cama ou ajoelhados. Podemos falar com Deus em qualquer lugar e a qualquer hora. Podemos falar com Ele em voz alta ou em nossos pensamentos.

"Querido Deus, sei que posso falar com o Senhor sobre qualquer coisa. Quero contar ao Senhor sobre .... Amém!"

Jesus ensinou aos seus amigos uma oração especial. Leia-a em Mateus 6:9-13.

Muitas línguas

Viu como Deus é maravilhoso? Ele nos fez únicos! Temos aparências diferentes e falamos de modos diferentes. Nós até falamos com Ele em vários idiomas. Os amigos abaixo estão dizendo "Olá!", cada um em sua língua.

Consegue descobrir quem fala francês, quem fala espanhol, quem fala hindi e quem fala português?

O Espírito Santo ajudou os amigos de Deus a falarem muitos idiomas diferentes. Veja mais em Atos 2:1-11.

¡Hola! Namaste! Salut! Olá!

66 Querido Deus, é uma bênção poder falar com o Senhor de tantas maneiras diferentes. É maravilhoso como o Senhor entende e ama a todos nós. Obrigado(a). Amém! 99

Cuidar da Terra

Deus fez muitas pessoas diferentes. Ele criou homens, mulheres, meninos e meninas, e nos colocou em lugares e países diferentes. Mas Deus deu a todos nós a importante tarefa de cuidar do mundo. Há muitas maneiras de fazer isso. Você conhece algumas delas?

" Deus, o Senhor fez a todos nós. Ajude-nos a cuidar uns dos outros. Ajude-nos a cuidar do seu mundo. Amém! "

Foi ideia de Deus nos dar a tarefa de cuidar do mundo. Leia em Gênesis 1:26-31.

O médico

Às vezes, quando estamos doentes, precisamos ir ao médico. Deus deu aos médicos a importante tarefa de descobrir o que está errado com nosso corpo. Os médicos passam muito tempo aprendendo sobre como Deus nos fez. Eles sabem quais medicamentos nos ajudarão a melhorar rapidamente.

Jesus foi o melhor médico de todos. Ele curava as pessoas sem nenhum remédio. Leia Mateus 4:23-24.

❝ Senhor Deus, eu lhe agradeço pelos médicos, que cuidam de nós quando estamos doentes. Amém! ❞

Preocupação

Sabia que Deus ama tanto você que quer ajudá-lo(a) quando algo te preocupa? Você pode se preocupar com o início das aulas ou com um novo grupo de amigos. Talvez você se preocupe quando anoitece ou ao passar perto de um cachorro latindo. Converse com Deus sobre as coisas que preocupam você.

Quando ficar preocupado(a), lembre-se do que Pedro escreveu para seus amigos. Leia 1 Pedro 5:7.

❝ Olá, Deus, eu me preocupo com .... Quando eu me sentir assim, por favor, me ajude. Amém! ❞

23 Pedir desculpas

O que acontece quando você briga ou discute com seu irmão ou sua irmã? Seus pais resolvem as coisas? Ou vocês pedem desculpas e fazem as pazes? Jesus nos diz que pedir desculpas e perdoar uns aos outros é a melhor maneira. É difícil de fazer, mas Jesus vai ajudar você.

Gênesis 50:15-21 conta a história de quando os irmãos de José pedem desculpas por terem sido maus com ele.

❝Às vezes, brigamos e sabemos que isso não é certo. Ajude-nos a pedir desculpas e a amar como o Senhor, nosso Pai celestial. Amém!❞

Está tudo bem

- Como você se sente quando um amigo diz que está arrependido por ter machucado você ou quebrado seu brinquedo? Yasmin se sente um pouco melhor agora que Sara pediu desculpas, mas ainda está um pouco zangada. Yasmin sabe que, quando um amigo pede desculpas, ela deve perdoá-lo para que continuem sendo amigos.

A Bíblia nos mostra como ser gentis. Leia Efésios 4:32.

❝ Querido Deus, ajude-me a perdoar os outros como o Senhor me perdoa. Amém! ❞

Escutar

Feche os olhos e ouça com atenção. Quais sons você ouve? Deus nos deu os ouvidos para ouvirmos barulhos altos e sons suaves. Precisamos dos ouvidos para ouvir música e escutar uns aos outros. Não é ótimo que Deus tenha criado nossa audição?

> **Eu lhe agradeço, Deus, pela minha audição. Agradeço por eu poder ouvir. Amém!**

Descubra o que acontece com um homem que não pode ouvir nem falar. Leia em Marcos 7:31-37.

Louvor

Do Alasca à Austrália, do Chile à China, da Nigéria à Noruega, homens e mulheres, meninos e meninas cantam músicas de louvor a Deus, que criou todos nós. O mundo inteiro e todos os que aqui habitam pertencem a Ele, que nos ama e cuida de todos nós. Que Deus maravilhoso!

" Querido Deus, é impressionante como o Senhor ama e cuida de todos nós. Estou feliz por pertencer do Senhor. O Senhor é maravilhoso! Amém! "

O Salmo 86:8-10 é uma canção sobre como Deus é poderoso e maravilhoso. Não há ninguém como Ele!

Onde você mora?

Você consegue encontrar onde mora em um mapa ou um globo? Deus fez todos os países do mundo. Ele fez alguns com altas montanhas e outros com colinas verdes ou desfiladeiros profundos. Outros têm extensas praias ou costas rochosas.

66 O Senhor fez um mundo fantástico, Deus! Eu gosto do lugar onde moro porque .... Amém! 99

O Salmo 95:3-5 é uma canção sobre o mundo de Deus. Que tal criar uma melodia para ela?

Molhado e magnífico

Ele ruge, ondula e quebra. É salgado, molhado e imenso! Cobre a maior parte da Terra. Consegue adivinhar o que é? Sim, o oceano! É incrivelmente profundo e cheio de todos os tipos de criaturas diferentes e maravilhosas. E Deus fez tudo isso.

Leia sobre Deus criando o ajuntamento das águas em Gênesis 1:1-10.

66 O Senhor faz os oceanos se moverem, faz as ondas quebrarem na praia. O Senhor é maravilhoso e grandioso. Agradeço por toda a sua Criação. Amém! 99

Uma irmãzinha

No começo, Tom ficou feliz que Deus lhe deu uma nova irmã. Mas quando a bebê Clara voltou do hospital, Tom se irritou porque a mamãe estava sempre ocupada com Clara. Compartilhar seus pais pode ser difícil. Deus sabe como você se sente. Converse com Ele. O Senhor sempre ouve.

" Querido Deus, ajude o(a) .... a amar seu(sua) novo(a) irmão(irmã). Amém! "

Êxodo 2:1-10 é a história de uma irmã mais velha que cuida de seu irmãozinho.

Famílias

Quantas pessoas há em sua família? Você sabe quantas pessoas há na família de Deus? São tantas que não dá para contar! A família de Deus é composta por todas as pessoas que o amam e sabem que Ele as ama também. Na família de Deus, podemos cantar, dançar e descobrir o quanto Ele nos ama!

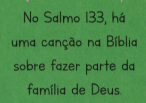

No Salmo 133, há uma canção na Bíblia sobre fazer parte da família de Deus.

66 Querido Deus, agradeço por fazer de mim parte da sua família. Amém! 99

Fazer caretas

Raul e Caio estão praticando caretas engraçadas! Fazer caretas pode ser divertido, mas se você faz caretas para ser rude, não é legal. Às vezes, Raul e seus amigos chamam uns aos outros por nomes engraçados. Eles fazem isso por diversão, mas é fácil magoar os sentimentos de alguém. O que você acha que Deus gostaria que eles fizessem?

Leia Efésios 4:29 e descubra como Deus quer que falemos uns com os outros.

66 Querido Deus, quando eu estiver com meus amigos, ajude-nos a ser gentis uns com os outros. Amém! 99

Ficar bravo(a)

Às vezes, nossos amigos nos chateiam quando dizem coisas desagradáveis ou não nos deixam brincar com eles. Quando estamos chateados, podemos ficar bravos e dar respostas rudes. Jesus disse que, quando alguém faz algo ruim para nós, não devemos ser ruins com essa pessoa. Em vez disso, Ele quer que sejamos gentis.

❝ Jesus, é difícil ser gentil quando alguém é rude comigo. Por favor, ajude-me. Amém! ❞

O que fazer quando alguém é rude com você? Leia Mateus 5:39-41.

33

Feliz aniversário!

Quando é seu aniversário? Quantos anos você vai fazer? Neste dia, sua família celebra o dia em que você nasceu. Às vezes, eles podem lhe dar um presente e fazê-lo(a) se sentir especial. Talvez eles também agradeçam a Deus por ter dado a eles uma criança tão preciosa!

O Salmo 127:3 nos lembra de que cada pessoa é um presente especial de Deus.

66 Querido Deus, eu lhe agradeço por me amar e pela minha família, que também me ama. Amém! 99

Agradecer

Um presente! Que emocionante! Espero que Jéssica se lembre de agradecer. A Bíblia nos diz para continuar agradecendo a Deus por tudo o que Ele nos dá. Você pode agradecer em suas orações. Pelo que você quer agradecer?

34...

> **Eu lhe agradeço, Deus, por todos os bons presentes. Hoje, eu agradeço por .... Amém!**

O Salmo 136 é uma canção para agradecer. Os versículos 1-9 e 23-26 podem ajudar você a orar.

Ficar doente

É horrível estar doente. Quando você tem dor de barriga ou se machuca, o que faz você se sentir melhor? Remédios, curativos e pomadas ajudam nosso corpo a se curar. Receber abraços de pessoas que amamos também ajuda a nos sentirmos melhor!

Descubra como uma mulher muito doente e triste melhora em Marcos 5:25-34.

"Querido Deus, sei que o Senhor cuida de mim quando não estou bem. Agradeço por .... que me faz sentir muito melhor. Amém!"

Abraços

Isa ama abraçar sua mãe. Quem abraça você? A mãe de Isa a abraça quando a filha está triste. Ela abraça Isa na hora de dormir, para dizer o quanto ama a filha. Isa está muito feliz que Deus lhe deu a mamãe para amá-la e cuidar dela.

❝ Deus, eu gosto de abraços. Agradeço pela minha família. Amém! ❞

Leia Marcos 7:24-30 e descubra como Jesus ajuda uma mãe.

Olhos incríveis

Olhe ao seu redor. O que você vê? Percebe algo azul? Você vê algo redondo? Deus fez o mundo com todas as cores e formas, e Ele nos deu olhos para ver tudo. Deus não é maravilhoso?

Jesus ajudou dois homens a verem novamente. Leia Mateus 20:29-34.

❝ Deus, eu agradeço pela minha visão. Obrigado(a) por ter me criado! Amém! ❞

Flores maravilhosas

38

Deus fez as mais belas flores. Cada uma tem sua forma e seu cheiro especiais. Ele fez flores que escalam paredes, que crescem rentes ao chão e outras que se erguem bem altas. Se Deus se importa com as flores, temos certeza de que Ele se importa conosco também.

66 Querido Deus, é maravilhoso como o Senhor se importa com a menor das flores. Sou pequeno(a), mas sei que o Senhor se importa comigo. Amém! 99

Jesus nos disse que Deus se importa com todas as coisas pequenas. Leia Lucas 12:27-28.

Brincar

Deus nos deu um mundo maravilhoso. Temos ótimos brinquedos para brincar. Qual é seu brinquedo favorito? Júlia ama seus patins. Alguns brinquedos são divertidos para brincar sozinho, outros são ótimos para brincar com amigos.

❝ Deus, às vezes quando saio, eu ando e me escondo, eu escalo e grito. Eu gosto de pular e adoro correr. Agradeço por me dar amigos para a hora da diversão! Amém! ❞

A Bíblia nos lembra de agradecermos a Deus por tudo que Ele nos dá. Veja no Salmo 104:33-34.

Ser amigável

Beliscar ou chutar as pessoas não é nada amigável. Também não somos amigáveis quando provocamos as pessoas ou não as deixamos participar de nossa turma ou das brincadeiras. Jesus quer que sejamos gentis. Se você vir alguém sendo provocado ou deixado de lado, o que fazer para ser amigável?

" Querido Jesus, desculpe-me pelas vezes em que não sou amigável. Ajude-me a ser gentil e a convidar os outros para brincar. Amém! "

Veja quem é amigável com Paulo quando ele é deixado de lado. Leia Atos 9:26-28.

Sentir medo

Alícia gosta de ir à escola, mas ela estava com muito medo no seu primeiro dia. Você já teve medo de ir a algum lugar novo? Quando temos medo, podemos conversar com Deus. Ele é maior e mais poderoso que tudo, e nos ajuda com o que nos assusta.

Crie uma melodia para as palavras do Salmo 56:3 para se lembrar dessa passagem quando tiver medo.

66 Querido Deus, quando eu tiver medo, ajude-me a lembrar que o Senhor me ama e vai me ajudar. Amém! 99

Seu melhor amigo

42

Sabia que Deus é seu melhor amigo? Você pode contar qualquer coisa para Ele! Mesmo se você estiver triste, feliz, zangado(a) ou assustado(a), Deus sempre vai ouvir. Ele nunca nos abandona ou diz que não quer ser nosso amigo. Ele está sempre ao nosso lado.

Davi gostava de ser amigo de Deus. Veja como ele descreve seu amigo, Deus, em 2 Samuel 22:1-4.

66 Deus, eu o amo. Agradeço por sua amizade tão maravilhosa. Amém! 99

Muitos animais

Quantos animais diferentes você conhece? Deus criou todos os tipos de animais. Ele fez alguns grandes e outros pequenos, lisos e enrugados, escamosos e peludos. Deus pensou em tudo!

❝ Deus, o Senhor é maravilhoso! Criou tantos animais diferentes... Meu animal preferido é .... Amém! ❞

Leia Gênesis 1:20-25 e veja como Deus se sente sobre os animais que Ele criou.

Cuidar das plantas

Deus encheu o mundo com todos os tipos de plantas, e Ele quer que cuidemos delas. Podemos fazer isso plantando sementes ou regando uma planta em casa. Quando estamos fora de casa, podemos apreciar as flores silvestres olhando para elas, em vez de colhê-las.

Descubra o que Deus pensa sobre as árvores, plantas e flores que Ele fez. Leia Gênesis 1:11-12.

66 Deus Criador, agradeço por fazer tantas plantas e flores diferentes. Quero ajudar a cuidar delas. Amém! 99

Guardar os brinquedos

Jaqueline gosta de brincar com os quebra-cabeças na escola. Mas agora ela precisa guardá-los. Ela quer continuar brincando, porém sabe que tudo deve ser organizado antes da hora da história. Quais brinquedos e objetos você guarda depois de usar?

66 Brinquei com todos os meus brinquedos, Deus. Eles estão espalhados pelo chão. Agora, é hora de arrumar tudo. Amanhã vou brincar mais! Amém! **99**

Leia João 6:5-13 e descubra o que os amigos de Jesus tiveram de limpar.

Unidos

É divertido brincar com os amigos! Você percebeu que montar um quebra-cabeça com seus amigos é mais rápido do que sozinho? O mesmo acontece na hora de arrumar. Quando todos trabalham juntos, não demora muito para acabar o trabalho.

Paulo está feliz por ter muitos amigos para trabalhar com ele. Quantos são mencionados em Colossenses 4:7-14?

❝ Juntos, nós conversamos, brincamos e guardamos os brinquedos. Juntos, vivemos para amar ao Senhor. Ajude-nos a amar uns aos outros. Amém! ❞

Descansar

Sabia que as férias são uma ideia de Deus? Quando terminou de criar o mundo, no sétimo dia Ele deu férias a todos. No dia de descanso, não precisamos ir à escola – podemos aproveitar para estar com Ele. Podemos descansar e aproveitar tudo o que Deus nos deu. O que você faz no seu descanso?

"Eu Lhe agradeço, Deus, pelos dias de descanso. Que ótima ideia! Eu gosto de .... para relaxar. Amém!"

Leia sobre Deus criando um dia de descanso em Gênesis 2:1-3.

Vamos celebrar!

48...

Quando nos sentimos muito animados, não conseguimos esconder esse sentimento. Temos uma sensação borbulhante, feliz e efervescente que nos faz querer pular, correr, dançar. Quando estamos animados, é difícil ficar quieto, não é? Não podemos evitar, queremos celebrar. O que você faz quando está animado(a)?

66 Olá, Deus. Eu me animo muito quando .... Isso me faz querer .... Amém! 99

Quem está animado e louva a Deus em Lucas 2:13-16?

Um livro de histórias

A Bíblia está cheia de histórias emocionantes, como a história da Criação do mundo. Também há histórias tristes, como a história de Adão e Eva desobedecendo a Deus. Mas a história mais maravilhosa é sobre Jesus, que veio para retomar nossa amizade com Deus.

Há tantas histórias sobre Jesus! Marcos 6:45-52 nos mostra como Jesus é poderoso.

66 Eu agradeço, Deus, pela Bíblia. Agradeço também por ...., que me conta as histórias de Jesus. Amém! 99

Ouvir a Deus

Deus nos criou, nos ama e cuida de nós. Ele é nosso Pai no céu e gosta quando falamos com Ele. Deus quer que o escutemos também. É por isso que Ele nos deu a Bíblia: para descobrirmos o que Ele quer nos dizer.

Jesus veio do céu para nos mostrar como é Deus, nosso Pai. Leia João 6:44-47.

❝ Querido Papai do Céu, fico feliz por poder falar com o Senhor. Por favor, ajude-me a ouvir tudo o que o Senhor me diz. Amém! ❞

51 Amar nossos irmãos

Ter um irmão ou uma irmã é ótimo! Mas, às vezes, ficamos zangados um com o outro e dizemos e fazemos coisas nada amorosas. Jesus quer que amemos uns aos outros, mesmo quando estamos irritados. É difícil, mas Ele pode nos ajudar a não gritarmos e a não sermos rudes ou cruéis.

66 Querido Senhor Jesus, ajude-me a ser bondoso(a) e amoroso(a) quando meus irmãos me irritam. Amém! 99

Quando Marta fica chateada com sua irmã, ela conta a Jesus como se sente. Veja em Lucas 10:38-42.

Ajudar os outros

Jesus quer que sejamos prestativos.
Há muitas maneiras de ajudarmos em casa e na escola. Clara está ajudando sua irmãzinha a praticar alguns passos. Você pode ajudar alguém na escola a calçar os sapatos ou abotoar o casaco. De que outras formas você pode ajudar seus irmãos e amigos?

Jesus conta a história de um homem que ajuda alguém em Lucas 10:25-37.

66 Jesus, você sempre ajuda os outros. Quero ser prestativo(a) também. Amém! 99

Sentir cheiros

Deus fez o nosso nariz para sentirmos cheiros. O nariz pode nos ajudar a perceber se algo é bom para comer ou não; pode sentir cheiro de fumaça e nos avisar sobre incêndios perigosos. Gostamos muito de alguns cheiros e detestamos outros! De qual cheiro você mais gosta?

"Agradeço pelo meu nariz, Deus. Gosto do cheiro de .... Amém!"

Em João 12:1-3, há um cheiro bom ou ruim?

 # Comida saborosa

O papai preparou a refeição, mas de onde veio a comida? Do supermercado, é claro! E antes disso? Da fazenda ou da fábrica! E antes disso? De Deus! Ele fez tantas coisas que podemos comer e desfrutar. Qual é a sua comida favorita?

> **Tomates, feijões, espaguete, carne... Eu agradeço, Deus, pela minha comida! Amém!**

Leia sobre uma maravilhosa refeição em Mateus 15:32-38 e veja como Jesus agradece a Deus pela comida.

55 Plantar uma árvore

Deus fez muitos tipos diferentes de plantas e árvores. Para cultivar uma árvore, você precisa de uma semente. Se você plantar a semente e der a ela água e luz, ela crescerá. As árvores levam anos para crescer, então você terá de ser muito paciente!

" Eu agradeço, Deus, pelas árvores, tão altas. Maravilhosas, elas vêm de pequenas sementes! Amém! "

De qual semente Jesus está falando? Descubra em Marcos 4:30-32.

Um dia de vento

Deus faz o vento. Ele faz a brisa suave que refresca seu rosto e o vendaval uivante que pode derrubar uma árvore. Você não pode ver o vento, mas pode senti-lo e perceber o que ele faz. Como você sabe se está ventando?

Deus enviou um vento forte para ajudar Moisés e os israelitas. Leia em Êxodo 14:10-22.

66 Eu lhe agradeço pelo vento, que refresca o dia mais quente de verão, traz as nuvens para nos dar chuva, depois as leva embora! Amém! 99

Solidão

Renan está se sentindo solitário. Ninguém quer brincar com ele. Se você alguma vez se sentir como Renan, lembre-se: Deus sempre quer ser seu amigo. Ele nunca deixa você sozinho(a). Mesmo que não o veja, Ele está em sua presença. Ele ama você!

Ninguém queria ser amigo de Zaqueu. Veja o que houve quando ele encontrou Jesus. Leia Lucas 19:1-10.

❝ Quando ninguém quer estar comigo e ninguém parece se importar, sei que o Senhor é meu amigo, querido Deus. Sei que o Senhor está sempre aqui. Amém! ❞

Deus cuida

Deus cuida de nós o tempo todo. Ele cuida quando seu bichinho de estimação morre. Ele cuida quando você cai do balanço. E Ele sabe como você se sente quando tem saudade de alguém. Não importa o que aconteça, Deus cuida de você.

O pobre José foi colocado na prisão! Mesmo assim, Deus cuidou dele. Leia Gênesis 39:19-23.

66 Querido Deus, sei que o Senhor cuida de mim. Hoje estou triste por .... Amém! 99

Discutir

Todos discutimos e brigamos às vezes, até com nossos amigos. Sobre que coisas você discute ou briga? Talvez você e algum amigo tenham brigado por brinquedos ou discutido sobre quem era o próximo a brincar. Jesus sabe que discutimos e brigamos, e é por isso que Ele nos diz que devemos amar uns aos outros, pedir desculpas e perdoar.

O que Jesus disse quando seus amigos estavam discutindo? Veja em Lucas 22:24-27.

66 Jesus, quando eu começar a discutir e brigar com meus amigos, ajude-me a parar e pedir desculpas. Amém! 99

Esperar sua vez

60

"Eu quero ir primeiro!". Se todos dissessem isso, haveria uma grande discussão! Alguns jogos não funcionam bem se todos tentarmos jogar ao mesmo tempo. Você se lembra de jogos em que é preciso esperar a vez? Na próxima vez em que brincar, deixe o seu amigo brincar primeiro!

❝ Jesus, é difícil deixar os outros irem primeiro. Por favor, ajude-me a esperar minha vez e dizer: 'Pode ir primeiro'. Amém! ❞

Abraão deixou seu sobrinho Ló ir primeiro. Leia em Gênesis 13:5-12.

Uma boca para comer

Usamos a boca para cantar e falar; e para que mais? Para comer, é claro! Deus nos deu os dentes para mastigar, a comida para saborear e a língua para provar diferentes gostos. Há muitos alimentos para experimentar! Qual é o seu sabor favorito?

"Deus, o Senhor é maravilhoso! Fez cada parte de mim. Agradeço por minha boca, meus dentes e minha língua. Amém!"

Leia 1 Reis 17:2-6 para descobrir quem traz comida para Elias.

Festas

Você gosta de festas? Elas são muito divertidas! Lembre-se de não deixar ninguém de fora. Deus nos dá amigos para compartilhar nossos dias especiais. Quem você convidará para sua próxima festa? Peça a Deus que ajude você a fazer todos se sentirem bem-vindos.

Jesus se aproximava de pessoas que muitas vezes eram deixadas de fora. Leia Marcos 2:15-17.

❝ Balões e bolo para todos. Eu agradeço, Deus, pelas festas divertidas! Amém! ❞

Mostrar seu amor

Como sua mãe demonstra amor? Talvez ela cozinhe, leia histórias, limpe suas roupas, dê abraços e beijos, coloque você na cama à noite e cuide de você quando se machuca ou fica doente. Como você mostra à sua mãe que a ama?

Jesus não queria que sua mãe ficasse sozinha depois que Ele morresse, então pediu a João para cuidar dela. Leia João 19:25-27.

66 Eu lhe agradeço pela minha família, Deus. Ajude-me a mostrar que eu a amo. Amém! 99

Arrumar a mesa

Deus quer que ajudemos uns aos outros. Podemos ajudar nossos amigos, irmãos e irmãs, e até nossos pais. Veja como Alan ajuda a mãe dele. Há muitas maneiras de ajudar em casa. Você consegue pensar em algumas?

"Querido Deus, eu ajudo em casa quando .... Amém!"

Descubra qual foi a refeição que Jesus fez com seus amigos. Leia Lucas 22:7-13.

Desenhar

Se você quer desenhar bem, precisa continuar tentando. Não desista! Se não der certo, tente de novo! Muitas vezes, precisamos nos esforçar para acertar. Deus pode nos ajudar a continuar tentando, sem desistir. O que você mais gosta de desenhar?

A Bíblia nos encoraja a não desistirmos de seguir Jesus. Veja em Hebreus 12:1-3.

❝ Querido Deus, eu acho .... difícil de desenhar. Ajude-me a continuar tentando e não desistir. Amém! ❞

Um arco-íris

Você já viu um arco-íris? Janaína está pintando um! Ela ouviu a história de como Deus resgatou Noé e os animais de um dilúvio. Deus colocou um arco-íris no céu como promessa de que nunca mais inundaria a Terra. Ele cumpre suas promessas!

"Deus, eu Lhe agradeço por manter suas promessas. Eu sei que sempre posso confiar no Senhor. Amém!"

Leia a bela história de Noé e a arca em Gênesis 6 e 7.

Culpa

Muitas vezes, sabemos que fizemos algo errado antes mesmo de sermos repreendidos. Sabemos que erramos porque nos sentimos mal por dentro. Sentimos culpa. Quando nos sentimos assim, Deus quer que peçamos perdão. Ele sempre nos perdoa e nos ajuda a consertar as coisas.

"Querido Deus, quando eu souber que fiz algo errado, ajude-me a pedir perdão e a corrigir as coisas. Amém!"

O Salmo 51 é uma canção sobre pedir perdão.

Obedecer

68

Você faz o que sua mãe e seu pai pedem? Às vezes, Ana faz o que sua mãe pede no mesmo instante. Outras vezes, ela não faz o que lhe foi dito. Ela não se importa de passar o aspirador de pó na casa, mas não gosta de guardar seus brinquedos. Deus quer que Ana ouça sua mãe e faça o que ela diz. Ele quer que você faça isso também!

" Querido Deus, às vezes, é difícil fazer o que meus pais pedem. Pode me ajudar? Amém! "

Sabe o que deixa Deus feliz? Descubra em Colossenses 3:20.

Brinquedos

69 Histórias emocionantes

De que tipo de histórias você gosta? Gosta de aventuras emocionantes ou livros com imagens? Jesus contou todos os tipos de histórias. Ele queria que as pessoas soubessem o quanto Deus as amava. Multidões se sentavam e ouviam Jesus. Ele contava muitas histórias.

Leia uma das histórias de Jesus em Mateus 25:14-30.

❝ Querido Deus, eu agradeço pelas histórias que me ajudam a aprender algo novo. Amém! ❞

Amar nossos pais

Mostramos que amamos nossos pais de muitas maneiras: quando pintamos um desenho para eles, damos um abraço ou fazemos o que eles nos pedem. Deus também é nosso Pai. Podemos mostrar que o amamos fazendo o que Ele diz.

66 Papai do Céu, eu te amo. Por favor, ajude-me a fazer o que o Senhor diz. Amém! 99

Como podemos mostrar a Deus que o amamos? Descubra em 1 João 5:2-3.

Nossa altura

Você acha que Téo será tão alto quanto seu irmão mais velho quando crescer? Téo e Caio não sabem que altura eles terão quando crescerem ou se viverão até os 100 anos. Mas Deus sabe tudo sobre Téo, Caio e sobre você também!

66 **Querido Deus, é divertido crescer e envelhecer. Vou fazer .... anos no meu próximo aniversário! Amém!** 99

Deus sabe tudo sobre nossas vidas: passado, presente e futuro. Veja o Salmo 139:15-16.

Cuidar dos outros

O mundo está cheio de pessoas diferentes. Temos aparências diferentes uns dos outros. Vivemos em lugares diferentes, mas Deus fez a todos nós. Ele quer que nos amemos e ajudemos. Quando cuidamos uns dos outros, ninguém fica de fora ou sozinho.

66 Eu lhe agradeço, Deus, por todas as pessoas. Ajude-me a cuidar dos outros como o Senhor cuida de mim. Amém! 99

Deus não queria que Adão ficasse sozinho, então fez uma companheira para ele. Leia Gênesis 2:18-23.

Brincar juntos

Brincar é muito mais divertido com amigos. Com quais amigos você gosta de brincar? Às vezes, Marcos, Aline e Clarice brincam com os blocos de Marcos, mas hoje eles estão brincando com o trenzinho de Clarice. Deus fica feliz quando compartilhamos e brincamos com nossos amigos.

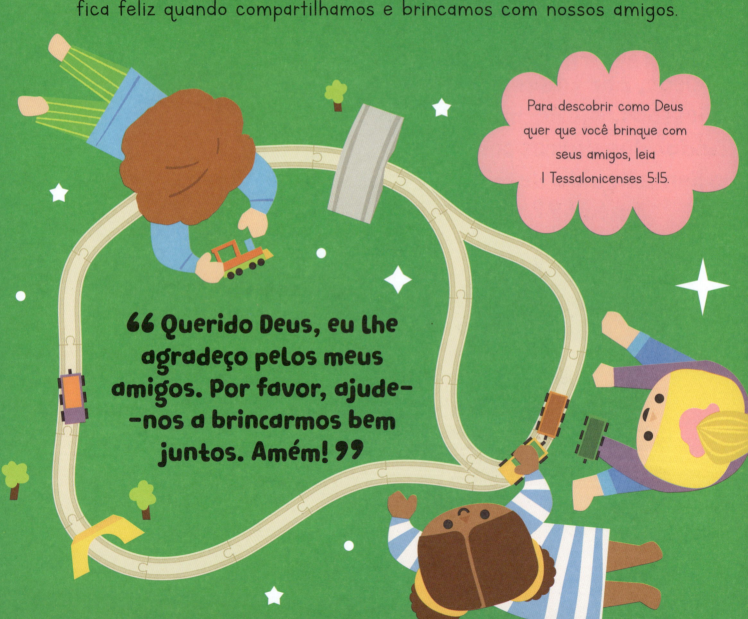

Para descobrir como Deus quer que você brinque com seus amigos, leia 1 Tessalonicenses 5:15.

❝ Querido Deus, eu lhe agradeço pelos meus amigos. Por favor, ajude-nos a brincarmos bem juntos. Amém! ❞

Brinquedo quebrado

Você já teve um brinquedo muito especial que quebrou? Como você se sentiu? Ele foi consertado? Não é uma sensação ótima quando algo é consertado? Deus sabe exatamente como você se sente quando está triste. E Ele fica feliz por você quando as coisas são consertadas!

"Querido Deus, fico feliz quando as coisas podem ser consertadas. Amém!"

Neemias reconstrói os muros quebrados da cidade. Como as pessoas agradecem a Deus em Neemias 12:43?

Mãos

Pense em todas as coisas que você faz com as mãos. Você as usa para segurar um garfo, levantar uma sacola, construir uma torre ou lançar uma bola. Você usa suas mãos para acariciar um cachorro, fazer carinho em um gato, mandar um beijo e acenar. Mas ao beliscar, empurrar e bater em alguém, você usa suas mãos para machucar, e não é o que Deus quer.

Jesus usa suas mãos para ajudar e amar. Leia mais em Marcos 1:40-42.

66 Deus, o Senhor me deu mãos para ajudar e amar. Por favor, ajude-me a não beliscar e empurrar as pessoas. Amém! 99

Cuidar dos animais

Deus nos disse para cuidarmos de seus animais. Se você tivesse um coelho, cachorro ou hamster de estimação, como você os manteria em segurança? Sabia que deixar lixo no chão é perigoso para animais selvagens e pássaros? Quando colocamos latas e embalagens plásticas na reciclagem ou no lixo, ajudamos a preservar os animais de Deus.

❝ Querido Senhor Deus, quero cuidar dos seus animais. Mostre-me como mantê-los em segurança. Amém! ❞

Jesus fala sobre si mesmo como o Bom Pastor que cuida de suas ovelhas. Leia em João 10:11-16.

Amor de irmãos

✦ Você tem irmãos? Cíntia ama sua irmã mais velha, Ana. Ela faz desenhos para Ana e lhe dá grandes abraços. Ana também ama Cíntia. Ela lê para Cíntia e, juntas, elas brincam. Quando discutem, logo fazem as pazes. Você faz o mesmo?

Deus disse que, se o amamos, devemos amar nossos irmãos e irmãs também! Veja em 1 João 4:21.

❝ Deus, agradeço por ter irmão(s). Ajude-me a mostrar o meu amor, mesmo quando me aborreço com ele(s). Amém! ❞

Ser paciente

Amamos nossos irmãos e irmãs, mas às vezes eles nos irritam! Deus entende que ficamos com raiva. Ele quer que sejamos bondosos, gentis e pacientes. Então, da próxima vez que seu irmão ou sua irmã irritar você, peça a Deus que o(a) ajude a ser amoroso(a) nessa situação.

66 Deus, o Senhor é bondoso e generoso. O Senhor é gentil e paciente comigo. Ajude-me a ser como o Senhor. Amém! 99

Deus nos ajuda a sermos mais como Ele. Veja em Gálatas 5:22-23.

Limpar

Existem muitas maneiras de ajudarmos nossos pais. Você sabe algumas delas? Guilherme ajuda varrendo a casa. Ele é muito bom com a pá e a vassoura. Ele se certifica de pegar toda a sujeira com a pá. Como você ajuda em casa?

" Deus, eu posso limpar, posso varrer e guardar meus brinquedos. Posso tirar o pó e deixar a casa organizada todos os dias. Amém! "

Descubra por que uma mulher limpou toda a sua casa em Lucas 15:8-10.

Ter habilidade

Jorge é bom em tocar seu saxofone de brinquedo, e Mia canta muito bem. Juntos, eles fazem um som adorável! Deus nos fez todos diferentes. Algumas pessoas são boas em correr, outras são boas em montar quebra-cabeças, outras, em cozinhar. O que você faz muito bem?

Deus encaminha pessoas que são boas em coisas diferentes para ajudar os outros. Veja essa passagem em Atos 6:2-7.

66 Deus, fico feliz que o Senhor tenha nos feito diferentes. Eu .... bem e meus amigos são bons em .... Amém! 99

Timidez

Ir a um lugar novo ou conhecer pessoas pode nos deixar tímidos. Quando Léo fica tímido, ele não quer falar, mas se esconder. Ele aperta seu brinquedo favorito. Deus quer nos ajudar quando nos sentimos assim. Nós não podemos ver Deus, mas Ele está sempre conosco.

Se você ficar tímido(a), lembre-se do que a Bíblia diz. Leia Provérbios 18:10.

66 Querido Deus, quando eu ficar tímido(a), ajude-me a lembrar que estou seguro(a) com o Senhor. Amém! 99

Mudar de casa

Eduardo precisa guardar os brinquedos logo. Amanhã é dia de mudança! Ele está animado com sua nova casa e um pouco ansioso para fazer novos amigos. Mas Eduardo sabe que Deus está sempre com ele, em todo lugar.

Em Mateus 2:13-14, Deus cuidou da família de Jesus quando eles se mudaram para um novo lugar.

" É ótimo saber que para onde quer que eu vá, o Senhor estará sempre comigo. Obrigado(a), Deus. Amém! "

 83

Pernas

Podemos fazer tantas coisas com nossas pernas: andar, correr, pular, saltar, andar de bicicleta, nadar, dançar. Experimente usar suas pernas agora! Consegue se equilibrar em uma perna? Sabe pular como um sapo? Apontar com os dedos dos pés? E sentar-se com as pernas cruzadas?

Descubra quem está andando e quem está dançando em Êxodo 15:19-20.

❝ Deus, agradeço por minhas pernas, que me levam a vários lugares. Amém!❞

Caminhar juntos

Sofia e Emília adoram ir para a escola juntas. Elas pulam, correm e conversam muito! Quando Jesus e seus amigos caminhavam juntos, Ele contava histórias sobre como Deus queria que eles vivessem. Jesus também está com você no caminho para a escola.

" Jesus, quero caminhar contigo. Jesus, quero conversar contigo. Jesus, quero estar contigo durante todo o dia. Amém! "

Jesus e seus amigos caminhavam juntos, falando sobre algo muito importante em Marcos 9:30-32.

Avós

Nossos avós são os pais de nossa mãe e de nosso pai. Como você chama seus avós? Não importa se eles moram perto ou longe de você, nossos avós nos amam e cuidam de nós.

❝ Deus, eu lhe agradeço pelos meus avós. Eu os amo porque .... Amém! ❞

Noemi fica muito feliz com o nascimento de seu neto. Veja em Rute 4:13-16.

Manter contato

86

A tia de Nicole mora longe, então elas não se veem com muita frequência. Mas elas adoram fazer chamadas de vídeo. Não podemos ver Deus, mas podemos falar com Ele quando quisermos, em oração. Podemos falar com Deus em voz alta ou em nossa mente. Deus gosta de conversar conosco.

> **Fico feliz por poder falar com o Senhor, querido Deus, a qualquer hora, dia ou noite. Agradeço por sempre ouvir quando eu oro. Amém!**

Sobre o que Samuel e Deus falam em 1 Samuel 16:1-13?

87 Chuva para a grama

Você gosta de chuva? Ou prefere sol todos os dias? Imagine o que aconteceria se nunca chovesse! A grama não cresceria. As vacas não teriam nada para comer. Elas não produziriam leite, e não teríamos milk-shakes, sorvete ou queijo para pizza! Que bom que Deus envia chuva para fazer a grama crescer!

O Salmo 147:7-8 nos diz que Deus envia a chuva. O que nos diz para fazermos?

❝ Querido Deus, o Senhor cuida de tudo o que criou. Eu Lhe agradeço por enviar chuva para fazer a grama crescer. Amém! ❞

Plantas úteis

Deus nos deu tanto para desfrutarmos... Pense em todas as plantas e árvores bonitas e úteis que ele fez. Sabia que fazemos batatas fritas, chocolate e suco de laranja a partir de plantas e árvores? Perfumes e remédios também vêm de plantas. Deus deve nos amar muito para nos dar todas essas coisas boas!

"Querido Deus, o Senhor criou um mundo lindo com tantas coisas boas. Agradeço por nos dar tanto. Amém!"

Salmo 104:1-14 é uma canção de agradecimento a Deus por criar um mundo cheio de coisas boas.

"Eu quero!"

A Catarina sabe que não deveria pegar algo sem pedir, mas ela queria tanto o brinquedo que o arrancou de seu amigo. Agora, ela foi repreendida. Quando estamos chateados porque não temos o que queremos, podemos conversar com Deus. Ele nos entende e nos ajudará.

66 Querido Deus, eu agradeço pelos meus brinquedos. Ajude-me a não tirar os brinquedos dos outros. Amém! 99

Jesus nos ensina a vivermos felizes juntos. Veja em Mateus 7:12.

"Que raiva!"

Você fica com raiva às vezes? Quando ficamos com raiva, podemos dizer ou fazer coisas terríveis, e isso deixa Deus triste. Deus quer que conversemos com Ele quando estamos com raiva. Você pode contar a Ele exatamente como se sente. Deus sempre entende e pode ajudar você a ser paciente e gentil como Ele.

Descubra como Deus age no Salmo 86:15.

❝ Querido Deus, sinto muito por fazer coisas ruins quando estou com raiva. Por favor, me ajude a ser como o Senhor. Amém! ❞

91 Voltar para casa

É hora de voltar para casa! Agora que Amélia está na escola, precisa colocar o casaco sozinha. Ela correu para mostrar à sua mãe o que fez na escola. É muito bom ir para casa depois de um dia agitado. Quem busca você na escola? Vocês conversam sobre o seu dia, assim como Amélia?

O jovem desta história está muito feliz por estar em casa novamente. Veja essa passagem em Lucas 15:11-24.

" Querido Deus, estou feliz por não ir para casa sozinho(a). Eu lhe agradeço por .... me levar. Amém! "

Inverno

Você já brincou ao ar livre no inverno? O ar é gelado e conseguimos soltar fumaça pela boca. É muito divertido! Deus criou todas as estações do ano e elas são importantes para o equilíbrio da vida na Terra. Não é incrível? Que mundo maravilhoso Deus criou!

66 Deus, tudo o que o Senhor fez é bom. Até os flocos de neve mostram como o Senhor é maravilhoso. Amém! 99

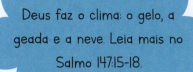

Deus faz o clima: o gelo, a geada e a neve. Leia mais no Salmo 147:15-18.

Fazer amigos

É divertido fazer amigos. Conhecemos pessoas em todos os tipos de lugares: na escola, na igreja e no momento das brincadeiras. Onde você conheceu seus amigos? A família de Lara acabou de se mudar para a cidade onde João mora. Lara é um pouco tímida, mas está sendo corajosa e conversando com João. Eles gostam de brincar de casinha!

Quando Paulo se mudou para uma nova cidade, quem fez amizade com ele? Veja mais em Atos 16:11-15.

❝ Deus, eu gosto dos meus amigos. Ajude-me a ser amigável com pessoas novas e ajude-me quando eu ficar tímido(a). Amém! ❞

Conversar

Você gosta de conversar? É divertido contar aos nossos amigos sobre as coisas emocionantes que fizemos, e é importante compartilhar momentos tristes também. Quando algo muito bom acontece, para quem você conta primeiro? Você conta aos seus amigos sobre as coisas incríveis que Deus faz? Consegue pensar em algo para contar a eles nesta semana?

Em Lucas 8:38-39, Jesus ajuda um homem e pede que ele conte para a cidade sobre isso!

❝ Querido Deus, ajude-me a contar dos meus amigos o quanto o Senhor os ama. Amém! ❞

Construir

Tina e Alex se divertiram construindo uma cabana embaixo da mesa. Em dias chuvosos, eles brincam de cabana dentro de casa. Em dias ensolarados, fora de casa. Eles gostam de construir cabanas juntos. Não é ótimo que Deus nos dê amigos? Quem constrói cabanas com você?

Paulo gostava de fazer tendas. Em Atos 18:1-3, ele conheceu alguns amigos que também faziam tendas. Quem eram eles?

66 Fazer coisas é divertido, Deus! Eu lhe agradeço pela amizade do(a) .... Nós nos divertimos juntos(as). Amém! 99

Seu corpo

Deus nos deu um corpo maravilhoso. Vamos ver o que o seu corpo pode fazer! Você consegue se agachar no chão? Consegue girar? E se esticar bem alto? Consegue piscar só um olho? Consegue pular, saltar ou aplaudir? Se você consegue, agradeça a Deus por isso!

❝ Querido Deus, eu agradeço por cada parte do meu corpo e por todas as coisas incríveis que posso fazer com ele! Amém! ❞

O Salmo 139:13-14 nos diz que Deus criou cada parte de nós.

Dia e noite

Deus fez o dia e a noite. Quais diferenças entre o dia e a noite você conhece? Deus fez uma luz brilhante para o dia, para as plantas e árvores crescerem e para podermos ver, trabalhar e brincar. Ele fez a noite escura para podermos descansar e dormir.

66 Deus, o Senhor fez o dia e o Sol tão brilhante. O Senhor fez a Lua e a noite escura, tão escura! Amém! 99

Descubra o que Deus pensava sobre fazer a luz. Leia Gênesis 1:3-5.

Contar estrelas

É possível contar as estrelas no céu? Quando criou o Universo, Deus o encheu com milhões de estrelas. Sabia que existem incontáveis estrelas no céu e grãos de areia em todas as praias do mundo? Deus fez um Universo tão vasto para todas essas estrelas!

Deus diz a Abraão para sair e contar as estrelas. Descubra o que acontece em Gênesis 15:5-6.

66 Deus, o Senhor é perfeito em imaginar e fazer coisas. Eu amo todas as estrelas que o Senhor fez! Amém! 99

Banho e bolhas

É hora do banho! Os irmãos Daniel e Olavo gostam de tomar banho. Daniel gosta de brincar com seus brinquedos, e Olavo gosta de espalhar água. Eles lavam o corpo inteiro! O que você faz no banho? Já tomou banho de banheira?

Pedro pediu que Jesus lhe desse um banho! Descubra por que em João 13:2-17.

66 Querido Deus, eu agradeço pela água quente. Na hora do banho, gosto de .... Amém! 99

Medo do escuro

Joana está muito cansada, mas não quer dormir porque tem medo do escuro. Quando estamos com medo, podemos pedir a Deus que cuide de nós. Ele prometeu nos proteger. Deus é mais poderoso do que tudo, Ele não tem medo do escuro!

> **" Quando estou com medo ou não consigo dormir, ajude-me a lembrar que o Senhor está sempre comigo. Amém! "**

Deus prometeu cuidar de você. Leia o Salmo 91:1-6.

"Boa noite, Deus!"

É hora de ouvir histórias e músicas, hora de ganhar abraços e hora de dormir! Aconchegue-se embaixo do cobertor, feche os olhos e pense nas coisas divertidas que fez hoje. É hora de fazer uma oração de boa-noite e agradecer a Deus por tudo.

Você pode conversar com Deus onde estiver, até deitado(a) em sua cama! Veja o Salmo 63:6-7.

❝ Estou no aconchego da minha cama, pensamentos passam pela minha cabeça. Deus, agradeço pelo meu dia animado. Peço que me mantenha perto do Senhor. Amém! ❞

Índice temático

Sentimentos

Sentir-se feliz	5
Sentir-se triste	17
Preocupação	22
Ficar bravo(a)	32
Ficar doente	35
Sentir medo	41
Vamos celebrar!	48
Solidão	57
Culpa	67
Brinquedo quebrado	74
Timidez	81
"Eu quero!"	89
"Que raiva!"	90
Medo do escuro	100

Seu mundo

Ir à escola	7
Vamos imaginar	16
Feliz aniversário!	33
Brincar	39
Guardar os brinquedos	45
Descansar	47
Festas	62
Desenhar	65
Limpar	79
Mudar de casa	82
Voltar para casa	91
Construir	95
Banho e bolhas	99

Sua família

Pessoas que cuidam	10
Uma irmãzinha	29
Famílias	30
Abraços	36
Amar nossos irmãos	51
Mostrar seu amor	63
Obedecer	68
Amar nossos pais	70
Amor de irmãos	77
Ser paciente	78
Avós	85

Relacionamentos

Amigos	8
Dividir	13
Cuidar e doar	14
Pedir desculpas	23
Está tudo bem	24
Fazer caretas	31
Ser amigável	40
Unidos	46
Ajudar os outros	52
Discutir	59
Esperar sua vez	60
Arrumar a mesa	64
Brincar juntos	73
Ter habilidade	80
Fazer amigos	93
Conversar	94

Seu corpo

Cabelos maravilhosos	3
Feridas e machucados	9
Seu cérebro	15
O médico	21
Escutar	25
Olhos incríveis	37
Sentir cheiros	53
Uma boca para comer	61
Mãos	75
Pernas	83
Seu corpo	96

A criação de Deus

Um dia ensolarado	2
Muitas línguas	19
Cuidar da Terra	20
Onde você mora?	27
Molhado e magnífico	28
Flores maravilhosas	38
Muitos animais	43
Cuidar das plantas	44
Comida saborosa	54
Plantar uma árvore	55
Um dia de vento	56
Cuidar dos outros	72
Cuidar dos animais	76
Chuva para a grama	87
Plantas úteis	88
Inverno	92
Dia e noite	97
Contar estrelas	98

Vida cristã

"Olá, Deus!"	1
Cada fio de cabelo	4
Cantar	6
Aproveite seus livros	11
Crescer e aprender	12
Conversar com Deus	18
Louvor	26
Agradecer	34
Seu melhor amigo	42
Um livro de histórias	49
Ouvir a Deus	50
Deus cuida	58
Um arco-íris	66
Histórias emocionantes	69
Nossa altura	71
Caminhar juntos	84
Manter contato	86
"Boa noite, Deus!"	101